CE QUE DOIT ÊTRE

LA

CONSTITUTION

1871

PRIX : 50 CENTIMES

PARIS

LIBRAIRIE INTERNATIONALE

15, BOULEVARD MONTMARTRE, ET 13, FAUBOURG-MONTMARTRE

A. LACROIX, VERBOECKHOVEN ET Cie, ÉDITEURS

MÊME MAISON A BRUXELLES, A LEIPZIG ET A LIVOURNE

1871

CE QUE DOIT ÊTRE
LA CONSTITUTION
DE 1871

PROJET DE CONSTITUTION

EXPOSÉ DES MOTIFS.

Quatre-vingts ans se sont écoulés depuis que les députés des derniers États généraux de la France ont juré de ne pas se séparer avant de lui avoir donné une Constitution, et depuis quatre-vingts ans la France attend encore sa Constitution. De longues et douloureuses épreuves ont signalé ces années, et puissent-elles nous avoir profité !

Puissions-nous, prévenus par les dangers qu'ont courus nos pères, éviter les écueils contre lesquels sont venus échouer leurs efforts !

Que deviendra la France ? Abattue par de nombreux revers, elle doit chercher à réparer ses forces, et pour cela il lui faut la stabilité des institutions politiques. Mais gardons-nous de confondre la stabilité avec l'immobilité. Il ne faut pas, sous prétexte de tranquillité, restreindre les droits des citoyens. Il faut, au contraire, les étendre autant que possible ; il faut chercher les institutions qui sont le moins sujettes à être dérangées par les accidents. Qui nous donnera ces institutions ? Sera-ce la monarchie ? Je sais qu'il a existé de bons princes, mais malheureusement la liste en est courte, et combien de mauvais en comparaison ! Devons-nous nous abandonner au hasard d'un mauvais choix ? Que d'obstacles d'ailleurs empêchent les mieux intentionnés de faire le bonheur du peuple ! Combien en a-t-on vu de ces princes qui juraient de rendre heureux leurs sujets, et qui, au lieu d'en être les bienfaiteurs, en sont devenus les tyrans ? Néron, ce même Néron, dont le nom est devenu l'exécration de toutes les générations, ne disait-il pas, quand on lui présentait une condamnation à mort à signer : « Je voudrais ne pas savoir écrire. » Est-ce au lendemain d'une catastrophe causée par le pouvoir personnel que nous devons remettre nos destinées entre les mains d'un homme ?

Je sais qu'il y a des gens qui croient de

bonne foi que la monarchie constitutionnelle est l'idéal des gouvernements. Et qui ne voit que ce système est impossible dans une société démocratique ? L'Angleterre est un pays aristocratique : elle a la liberté, elle n'a pas l'égalité, et, du reste, que de plaies cachées soigneusement dans les plis de son drapeau libéral. En France, avec la royauté constitutionnelle, nous aurons toujours la lutte entre le pouvoir royal et la nation, lutte qui ne peut amener que le despotisme ou le désordre.

La République est donc la seule forme de gouvernement qui nous convienne. Je sais bien qu'elle a contre elle une foule de préjugés difficiles à détruire. La République ayant toujours été amenée chez nous par l'excès du despotisme, et ayant toujours eu à lutter contre une situation embarrassée, on l'a rendue responsable des fautes des gouvernements qui l'ont précédée, et on lui a fait un crime de ses moindres imprudences. Pour beaucoup de gens, République est synonyme de désordre.

J'espère que les événements qui viennent de se passer, quelque douloureux qu'ils soient, auront eu du moins ce résultat de faire disparaître ces idées fausses. Pour quiconque a vu l'attitude de Paris pendant ces cinq derniers mois, il est incontestable que la République n'est pas plus incompatible avec l'ordre que toute autre forme de gouvernement. Je dirai plus, c'est elle qui est la plus capable d'assurer l'ordre. En effet, les changements qui, dans une monarchie, ne peuvent s'accomplir sans secousse, s'accomplissent sous une République par la volonté de la nation. La République est une machine qui, une fois construite, peut marcher pendant des siècles, sans qu'il y ait besoin d'autre chose que de mettre de temps en temps un peu d'huile dans les rouages.

C'est d'après ces idées que j'ai élaboré le projet de Constitution qui suit. Je me suis attaché, avant toutes choses, à préserver la Constitution des entreprises criminelles d'un ambitieux. Une expérience récente nous a montré le danger d'un président de la République. J'ai cru pouvoir m'en passer.

Je le remplace par un comité de gouvernement, dont chaque membre est à la tête d'un ministère. Le président du comité, nommé par ses collègues et dirigeant seulement un département ministériel, n'est pas à redouter. Il lui faudrait, en effet, pour s'emparer de la dictature, le concours de ses collègues et la complicité d'une partie de l'Assemblée, dont il dépend toujours.

On me fera peut-être une objection : on me dira que je suis tombé de Charybde en Scylla, et que, par crainte de la tyrannie d'un seul, j'ai préparé celle de l'Assemblée. Ce reproche n'est pas fondé. Le comité émane de l'Assemblée, il ne se confond pas avec elle.

Il en diffère tellement qu'il peut y être complétement étranger. Ce n'est pas là une insulte au suffrage universel. En effet, il peut être utile, pour assurer la sincérité des élections, de créer certaines incompatibilités. Et cependant ceux qui n'ont pu être députés peuvent faire d'excellents ministres.

Le comité sera donc nommé par l'Assemblée.

Mais comment se fera l'élection de l'Assemblée ? Le gouvernement du 2 décembre qui a semblé prendre à tâche de détruire toutes nos croyances en se jouant des choses les plus sacrées, après avoir posé en principe que l'élection a pour base la population, nous dit dans l'article suivant qu'il y aura un député par 35,000 électeurs.

J'ai posé le même principe, mais je me suis efforcé de l'appliquer avec sincérité. Plusieurs motifs m'ont fait préférer pour base le nombre d'habitants au nombre d'électeurs. Le premier, c'est l'abus scandaleux qui a été fait sous l'Empire de l'inscription sur la liste électorale. Tout le monde se rappelle ce phénomène extraordinaire, le nombre des députés diminuant à Paris lorsque la population augmentait considérablement.

J'ajouterai à cela une autre raison. Suivant moi, l'homme marié et père de famille doit avoir plus d'influence sur la nomination de l'Assemblée que le célibataire, et je lui accorde cette influence en considérant pour le nombre de députés, non le nombre d'électeurs, mais la population.

Ceci posé, il s'agit de déterminer les circonscriptions électorales. Nous avons vu dernièrement combien il était dangereux de confier ce droit au pouvoir exécutif. Le donner au pouvoir législatif n'est pas non plus sans inconvénients.

Il faut donc trouver des circonscriptions électorales qui ne puissent être changées arbitrairement. Ceci a encore un autre avantage :

il importe que le député se représente devant les mêmes électeurs pour que ceux-ci puissent décider s'il a bien ou mal rempli son mandat. C'est le seul moyen d'avoir une Assemblée qui soit l'expression exacte de la volonté de la nation.

Pour avoir des circonscriptions électorales fixes, le mieux est de les emprunter à la division administrative.

Faut-il choisir le département ? C'est, suivant moi, une division trop étendue. Le scrutin de liste, quand il y a un grand nombre de noms, a le grave inconvénient de faire passer des médiocrités sous le couvert de noms aimés. Quant au canton, il est trop petit et cela ferait un trop grand nombre de députés.

Reste donc l'arrondissement. Seulement, comme les arrondissements ne sont pas tous égaux en population, ils ne peuvent nommer le même nombre de députés. C'est alors que j'applique mon principe ; l'élection a pour base la population. Tous les arrondissements qui ont moins de 50,000 habitants ne nomment qu'un député. Ils nomment ensuite un député par 50,000 habitants. Toute fraction de 30,000 habitants donne droit à un député de

*

plus. Nous arrivons ainsi à un chiffre de 680 députés environ. On trouvera peut-être ce chiffre trop considérable. Mais je ferai observer qu'on a vu ce qu'était une Chambre de 250 députés, et que les Assemblées qui ont produit de plus grandes choses étaient nombreuses.

Dans ce nombre ne sont pas compris les députés des colonies. J'ai pensé qu'il y avait là à résoudre plusieurs questions délicates qui ne pouvaient trouver utilement place dans l'examen de la Constitution.

Une loi spéciale statuera à cet égard.

Pour combien de temps sera nommée l'Assemblée ?

Deux écueils sont à éviter ici. Si vous la nommez pour un trop long temps, elle ne représentera plus exactement l'opinion publique; si vous faites de trop fréquentes élections, vous vous exposez à voir à chaque instant le travail d'une Assemblée détruit par celui d'une autre. De plus aucune Assemblée ne pourra mener à fin un travail considérable.

Il importe donc que l'Assemblée, tout en étant la représentation exacte du pays, ait une certaine stabilité. Nous y arriverons par le renouvellement partiel.

L'Assemblée sera donc renouvelée tous les ans par cinquième. On tirera au sort la première année l'ordre dans lequel les députés doivent être remplacés.

Il va sans dire que les députés sortants seront rééligibles. Nul, depuis la première Constituante, n'a osé recommencer cette faute sublime de s'exclure soi-même du pouvoir.

La réélection est la sanction du mandat législatif.

L'Assemblée une fois élue procède à la vérification des pouvoirs de ses membres et à son règlement intérieur qu'elle peut toujours modifier.

Les membres du comité de gouvernement doivent être étrangers à ces discussions. Il était en effet profondément inconvenant de voir les membres du pouvoir exécutif se mêler des affaires intérieures du pouvoir législatif.

L'Assemblée partage avec le comité de gouvernement l'initiative des lois et des modifications à la Constitution..

Enfin, on a vu l'inconvénient qu'il y avait à éloigner, même momentanément, les représentants de la nation. L'Assemblée sera donc permanente. Cependant, comme il est impossible et nullement indispensable d'astreindre tous les députés à siéger en même temps, des congés pourront être accordés sans toutefois pouvoir dépasser un tiers des membres de l'Assemblée.

Les députés seront payés. Cela est indispensable dans un pays démocratique où la pauvreté ne doit pas être un motif d'exclusion.

Il est indispensable, pour que l'Assemblée puisse délibérer librement, que ses membres soient inviolables. Si l'un d'eux se rend coupable d'un crime ou d'un délit, l'Assemblée seule doit autoriser les poursuites.

Le comité de gouvernement est un ministère responsable nommé par l'Assemblée.

Il aura deux manières de s'assurer s'il est d'accord avec l'Assemblée.

Il est d'abord évident que si des projets de loi importants sont repoussés, si le budget n'est pas adopté, il sera impossible au comité de gouverner et il devra se retirer. Mais sans attendre ces éventualités, il pourra toujours provoquer un vote de confiance.

Si le vote est défavorable, il devra se retirer, mais en remplissant ses fonctions jusqu'à ce qu'il soit remplacé. Toutefois, il peut y avoir des circonstances graves où il soit dangereux de laisser le comité tout entier ou quelques-uns de ses membres en fonction, et alors l'Assemblée décide qu'ils devront se retirer immédiatement, et si elle ne peut les remplacer sur-le-champ, elle prend les mesures de détail pour assurer l'expédition des affaires.

Les derniers événements ont montré le danger qu'il y avait à laisser le droit de paix et de guerre au pouvoir exécutif. Il devra donc consulter l'Assemblée à cet égard et lui proposer un commandement en chef.

J'ai conservé le Conseil d'Etat. Rien n'est plus difficile, en effet, que de faire une bonne loi. Il faut qu'elle soit discutée et examinée par des hommes compétents avant d'être soumise aux délibérations publiques d'une Assemblée. Telle sera la tâche du Conseil d'Etat.

Ce Conseil sera composé de deux sortes de personnes. A côté des conseillers en service ordinaire, il est bon en effet de placer des hommes que leurs connaissances spéciales peuvent rendre très-utiles dans certaines discussions. Ces hommes retenus souvent ailleurs par leurs occupations et ne faisant qu'accidentellement partie du Conseil, forment les conseillers en service extraordinaire.

Non-seulement, les conseillers d'État prépareront les lois, mais encore ils les discuteront devant l'Assemblée, les membres du comité de gouvernement ne pouvant être seuls chargés de cette tâche.

Voici donc fixées les attributions du pouvoir législatif et du pouvoir exécutif. Quant au pouvoir judiciaire, comme ses attributions sont distinctes de la politique, il n'y a pas lieu de s'en occuper dans une Constitution, ce sera l'objet d'une loi spéciale ; car nous croyons que là encore il y a de sages et utiles réformes à faire.

Les articles 48 et 49 qui terminent, pour ainsi dire, mon projet, seront peut-être l'objet de vives critiques. On y verra peut-être une usurpation de l'Assemblée. Je crois que c'est précisément le contraire. Nous avons vu combien la justice perdait à se confondre avec la politique.

Abandonner au magistrat le soin de condamner les crimes politiques, c'est compromettre inutilement sa dignité. Le seul juge des complots contre la nation, c'est la nation elle-même ou ses représentants.

Telles sont les bases sur lesquelles on pourrait, je crois, asseoir le gouvernement de la France. Je ne sais ce que vaudrait cette Constitution si elle était appliquée, mais si je n'ai pas le bonheur d'avoir trouvé les moyens d'assurer la liberté de mon pays, je puis dire du moins que je les ai cherchés avec le zèle et la conscience d'un bon citoyen.

CONSTITUTION

TITRE PREMIER

DES DIFFÉRENTS POUVOIRS.

—

ARTICLE PREMIER. Les pouvoirs législatif, exécutif et judiciaire sont exercés au nom du peuple français de la manière suivante.

TITRE II

DE L'ASSEMBLÉE NATIONALE.

—

ART. 2. Le pouvoir législatif est exercé par une Assemblée des représentants du pays qui prend le nom d'Assemblée nationale.

ART. 3. L'Assemblée propose, discute et vote les projets de loi et les modifications à la Constitution. Elle discute et vote l'impôt.

ART. 4. L'Assemblée est élue par le suffrage universel.

ART. 5. L'élection a pour base la population.

ART. 6. Chaque arrondissement aura un député en raison de 50,000 habitants. Néanmoins, il est attribué un député de plus à chacun des arrondissements dans lesquels le nombre excédant des habitants s'élève à trente mille.

Tout arrondissement dont la population sera inférieure à 50,000 habitants nommera cependant un député.

ART. 7. Lorsqu'un arrondissement aura plusieurs députés à nommer, l'élection se fera au scrutin de liste.

ART. 8. L'Assemblée sera renouvelable chaque année par cinquième. On tirera au sort la première année l'ordre dans lequel les députés devront être remplacés.

ART. 9. Les députés sortants seront rééligibles.

ART. 10. L'Assemblée sera permanente. Des congés pourront être accordés par le président ; mais de façon à ce qu'il y ait toujours au moins les deux tiers des membres présents.

ART. 11. Tout député absent, sans congé, pendant cinq séances consécutives, est considéré comme démissionnaire.

Art. 12. Les députés toucheront un traitement annuel de 20,000 francs.

Le président de l'Assemblée touchera un traitement annuel de 40,000 francs.

Art. 13. L'Assemblée, en entrant en fonction, procédera sous la présidence de son doyen d'âge, à la vérification des pouvoirs de ses membres.

Art. 14. Aucun membre du comité du gouvernement ne pourra prendre part à cette discussion.

Art. 15. Lorsque la moitié plus un des pouvoirs aura été vérifiée, l'Assemblée nommera son président qui sera élu pour un an.

Art. 16. Aussitôt la vérification des pouvoirs terminée, l'Assemblée fera son règlement qu'elle pourra toujours modifier à son gré.

Art. 17. Les membres du comité de gouvernement ne pourront jamais intervenir dans les discussions de règlement.

Art. 18. Les membres de l'Assemblée sont inviolables. Ils ne peuvent être poursuivis que sur l'autorisation de l'Assemblée qui décide s'il y a lieu à détention préventive.

TITRE III

DU COMITÉ DE GOUVERNEMENT.

—

ART. 19. Le pouvoir exécutif est confié à un comité de neuf membres, qui prend le nom de Comité de gouvernement.

ART. 20. Les membres du comité sont chargés chacun d'un des départements suivants : instruction publique, intérieur, justice, finances, guerre, marine, affaires étrangères, agriculture, commerce et travaux publics, présidence du Conseil d'État.

ART. 21. Le comité, en entrant en fonction, nomme son président.

ART. 22. Le comité est nommé par l'Assemblée nationale, soit parmi ses membres, soit en dehors de son sein. Toutefois, les fonctions de membre du comité et de président de l'Assemblée sont incompatibles.

ART. 23. La première année, le comité sera nommé par l'Assemblée immédiatement après la vérification des pouvoirs.

ART. 24. Chaque membre du comité touche un traitement annuel de 40,000 francs.

ART. 25. Le président du comité touchera un traitement annuel de 100,000 francs.

Art. 26. Les traitements des membres du comité et de ceux de l'Assemblée ne peuvent être cumulés avec aucun autre.

Art. 27. Les membres du comité qui feront partie de l'Assemblée ne toucheront que le plus élevé de ces deux traitements.

Art. 28. Ces traitements sont insaisissables.

Art. 29. Les membres du comité peuvent, quand ils le veulent, provoquer un vote de confiance de la part de l'Assemblée.

Art. 30. Lorsque le vote est défavorable, l'Assemblée procède à de nouvelles nominations.

Art. 31. Les membres du comité doivent, à moins qu'il n'en soit autrement ordonné par l'Assemblée, continuer leurs fonctions jusqu'à ce qu'ils soient remplacés.

Art. 32. Le comité ne peut déclarer la guerre, ni faire aucun traité sans l'assentiment de l'Assemblée.

Art. 33. En cas de guerre, l'Assemblée nomme le commandant en chef des armées de terre et de mer, sur la proposition du comité.

Art. 34. Le comité nomme à tous les emplois et fait les règlements et décrets nécessaires pour l'exécution des lois.

Art. 35. L'initiative des lois appartient à la fois au comité et à l'Assemblée.

Art. 36. Le comité promulgue les lois votées par l'Assemblée.

Art. 37. Le serment politique demeure aboli.

TITRE IV

DU CONSEIL D'ÉTAT.

—

Art. 38. Le Conseil d'État est chargé de rédiger les projets de loi et les règlements d'administration publique et de résoudre les difficultés qui s'élèvent en matières d'administration.

Art. 39. Le nombre de conseillers d'État en service ordinaire est de quarante.

Art. 40. Le comité de gouvernement pourra y adjoindre des conseillers en service extraordinaire dont le nombre ne pourra excéder vingt.

Art. 41. Les conseillers d'État soi t nommés par le comité de gouvernement et révocables par lui.

Art. 42. Le Conseil d'État est présidé par le président du Conseil d'État et en son absence par un vice-président élu par le Conseil.

Art. 43. Des conseillers d'Etat désignés par le président du Conseil peuvent être adjoints aux membres du comité de gouvernement pour la discussion des projets de loi devant l'Assemblée nationale.

Art. 44. Le traitement des conseillers d'Etat en service ordinaire est de 15,000 francs.

Art. 45. Les conseillers d'Etat en service extraordinaire ne reçoivent aucun traitement.

Art. 46. Les membres du comité de gouvernement ont voix délibérative au Conseil d'Etat.

TITRE V

DU POUVOIR JUDICIAIRE.

—

Art. 47. La justice se rend au nom du peuple français. Une loi réglera l'organisation judiciaire.

Art. 48. Tout complot contre la sûreté de l'Etat sera jugé par l'Assemblée nationale suivant les formes et d'après les règles qu'elle déterminera.

Art. 49. Il en sera de même de touté dila-
pidation des fonds publics.

TITRE VI

DISPOSITIONS TRANSITOIRES.

—

Art. 50. Une loi réglera l'organisation des
colonies.

Art. 51. Les dispositions des codes, lois et
règlements existants qui ne sont pas contraires
à la présente Constitution, restent en vigueur,
jusqu'à ce qu'il y soit légalement dérogé.

Paris, le 30 janvier 1875.

Paris. — Typ. Rouge frères, Dunon et Fresné, rue du Four-Saint-Germain, 43.